BEI GRIN MACHT SICH IHR WISSEN BEZAHLT

- Wir veröffentlichen Ihre Hausarbeit, Bachelor- und Masterarbeit

- Ihr eigenes eBook und Buch - weltweit in allen wichtigen Shops

- Verdienen Sie an jedem Verkauf

Jetzt bei www.GRIN.com hochladen und kostenlos publizieren

Der amerikanische Bürgerkrieg

Die Überwindung der Konflikte als Grundstein für die Entstehung der heutigen Vereinigten Staaten von Amerika?

Bibliografische Information der Deutschen Nationalbibliothek:

Die Deutsche Nationalbibliothek verzeichnet diese Publikation in der Deutschen Nationalbibliografie; detaillierte bibliografische Daten sind im Internet über http://dnb.d-nb.de abrufbar.

ISBN: 9783389088371
Dieses Buch ist auch als E-Book erhältlich.

© GRIN Publishing GmbH
Trappentreustraße 1
80339 München

Alle Rechte vorbehalten

Druck und Bindung: Books on Demand GmbH, Norderstedt Germany
Gedruckt auf säurefreiem Papier aus verantwortungsvollen Quellen

Das vorliegende Werk wurde sorgfältig erarbeitet. Dennoch übernehmen Autoren und Verlag für die Richtigkeit von Angaben, Hinweisen, Links und Ratschlägen sowie eventuelle Druckfehler keine Haftung.

Das Buch bei GRIN: https://www.grin.com/document/1519385

Modularbeit
im Fach „Theorie, Methode und Geschichte"

Der amerikanische Bürgerkrieg – die Überwindung der Konflikte als Grundstein für die Entstehung der heutigen Vereinigten Staaten von Amerika?

Inhaltsverzeichnis

1. Einleitung...1
2. Die USA vor 1860...2
   2.1. Verhältnisse von Nord- und Südstaaten..2
   2.2. Die Situation der Sklaven...2
3. Der Sezessionskrieg...4
4. Grundsteinsetzung für den Wiederaufbau...5
   4.1. Präsident Abraham Lincoln..5
   4.2. Reconstruction Era...8
5. Fazit..10
6. Bibliographie...12

1. Einleitung

Die Jahre 1861 bis 1865 sind in der US-amerikanischen Geschichte von einem außerordentlich gewaltsamen und lang andauernden Bürgerkrieg gekennzeichnet, indem weit mehr als 600.000 Amerikaner ihr Leben verloren haben.[1] Zwei Punkte werden als ausschlaggebend gewertet, wenn es um den Grund des Krieges geht. Zum einen steht die Abschaffung der Sklaverei klar im Zentrum und der zweite Konfliktpunkt betrifft vor allem die Einheit der Nation. Eine Mehrheit im Norden hielt den nationalen Zusammenhalt für andauernd, wichtig und unauflöslich. Der Süden hingegen vertrat in Teilen die Auffassung, die USA könne ein lockerer, möglicherweise kündbarer Zusammenschluss von souveränen Staaten sein.[2]

Zur damaligen Zeit ging man nicht von einem Krieg aus, der ganze vier Jahre dauern würde. Es herrschte ein klares Ungleichgewicht zwischen den Süd- und Nordstaaten und man war sich sicher, dass dieses Ungleichgewicht dem Krieg ein schnelles Ende bringen würde. Die Dauer und Brutalität des Krieges können nur darauf zurückgeführt werden, dass vor und während der militärischen Auseinandersetzungen keine friedliche Einigung über die Streitpunkte erzielt werden konnten. Dabei ging es um Fragen der rassischen Gleichheit bzw. Ungleichheit der Menschen und die Reichweite der Bürgerrechte. Einzelnen politischen Persönlichkeiten, verfassungsrechtlichen Grundfragen und ökonomischen Interessen kam großes Gewicht zu.[3]

Es stellt sich die Frage, welche Folgen hatte der Krieg für die USA? Was genau hatte die Südstaaten zur Sezession motiviert und in welcher Weise hat der Bürgerkrieg den Süden – die Unterlegenen des Krieges – verändert? Inwiefern hat der Bürgerkrieg eine Auswirkung auf die weiteren historischen Ereignisse nach dem Krieg gehabt? Legte er womöglich einen Grundstein für die weitere Entwicklung zur heutigen Vereinigten Nation, die es vor dem Krieg so nicht gegeben hat? In der Hausarbeit werden mich genau diese Fragen leiten und eine Unterstützung sein, um am Ende die Hauptfrage: „Der amerikanische Bürgerkrieg – die Überwindung der Konflikte als Grundstein für die Entstehung der heutigen Vereinigten Staaten von Amerika?", beantworten zu können.

Ich werde im Folgenden auf die Zeit vor dem Krieg eingehen, um die Gründe des Bürgerkriegs thematisieren zu können. Im Anschluss betrachte ich die Zeit nach dem Krieg, insbesondere die Rolle des Präsidenten Abraham Lincoln. Diese war entscheidend für die Situation der Sklaven und den Wiederaufbau der Nation.

---

[1] Bergbauer, Harald: Das historische Paradebeispiel für Sezessionen: der US-Bürgerkrieg, in: Bergbauer, Harald/Gerald Mann (Hrsg.): Neugestaltung der Staatenwelt im 21. Jahrhundert. Wie Sezession neue politische und ökonomische Strukturen schafft, München 2021, S. 100.
[2] Bundeszentrale für politische Bildung (26.03.2021). Der Bürgerkrieg und das Erbe der Sklaverei. Verfügbar unter: https://www.bpb.de/themen/nordamerika/usa/10595/der-buergerkrieg-und-das-erbe-der-sklaverei/, (zugegriffen am 06.03.2022).
[3] Bergbauer, Harald: Das historische Paradebeispiel für Sezessionen, S. 100.

2. Die USA vor 1860

2.1. Verhältnisse von Nord- und Südstaaten

Vieles unterschied 1861 bereits seit Jahrhunderten den Norden vom Süden. Der Norden war mit rund 22 Millionen Menschen wesentlich bevölkerungsreicher als der Süden, in dem nur 9 Millionen Menschen lebten. Die Hälfte davon waren Sklaven. Zusätzlich war der Norden um einiges leistungsfähiger, die Industrie war schon entwickelt und es gab viele Bergwerke für Kohle und Eisen. Die Infrastruktur war wesentlich besser ausgebaut.[4] Die Überlegenheit war in militärischen Gütern dementsprechend noch ausgeprägter: „Der Norden produzierte 97% aller Feuerwaffen, 94% der Bekleidung und 93% des Gusseisens."[5] Im Norden konkurrierte die Sklaverei zunehmend mit der Lohnarbeit in den entstehenden Manufakturen, weshalb die Sklaverei in den Jahrzehnten nach der Amerikanischen Revolution beseitigt wurde. Hingegen entwickelte sich im 18. und 19. Jahrhundert im Süden eine großräumige Plantagenwirtschaft für Tabak und Baumwolle, die nach der Ansicht der Zeitgenossen nur mit Sklaven bewirtschaftet werden konnte.[6] Tatsächlich war die Wirtschaft der Südstaaten in der Vorkriegszeit nicht einmal in der Lage, eine eigene Maschinenproduktion aufzubauen. Dies war für die Südstaaten kein direktes Problem, weil im Süden Arbeitskräfte ohne Lohn eingesetzt wurden. Es machte für Kleinbauern keinen Unterschied aus, ob deren Existenz durch nahezu kostenfreie Sklavenarbeit oder durch die zunehmende automatisierte Produktion aufrecht erhalten blieb.

2.2. Die Situation der Sklaven

Die Sklaven haben in den britischen Kolonien Nordamerikas eine lange Tradition und die Ersten wurden bereits 1619 in Virginia zum Kauf angeboten. Die Zahl der Versklavten stieg dann kontinuierlich in den Jahrzehnten vor 1860 an. 1790 lebten rund 717.000 Sklaven in der USA, 1810 waren es annähernd 1,3 Millionen, 1820 nahezu 1,5 Millionen, 1840 fast 2,5 Millionen.[7] Damit machten die Sklaven vor 1860 etwa ein Drittel der Gesamtbevölkerung der 15 Südstaaten aus. Die Eigentümer der knapp vier Millionen Sklaven waren im Jahr 1860 383.000 Weiße. Zu der Zeit galt ein Besitzer als „planter", wenn er mindestens 20 Sklaven besaß. Ab dieser Zahl landwirtschaftlicher Arbeiter konnte erst profitabel für den weltweiten Tabak-, Zucker- und Baumwollmarkt gewirtschaftet werden. Über Großplantagen mit mehr als 200 Sklaven verfügten 1860 ungefähr 254 Südstaatler.

---

[4] Stöver, Bernd: Geschichte der USA. Von der ersten Kolonie bis zur Gegenwart, München 2017, S. 198.
[5] Schild, Georg: Der Amerikanische Bürgerkrieg als Sezessionskrieg, in: Jäger, Thomas/Rasmus Beckmann (Hrsg): Handbuch Kriegstheorien, Wiesbaden 2011, S. 376.
[6] Ebenda, S. 372.
[7] Stöver, Bernd: Geschichte der USA, S. 203.

Sogenannte „slave codes"[8], die von den Einzelstaatslegislativen bestimmt wurden, schränkten die Eigentürmer in dem Sinne ein, dass diese mit ihrem „persönlichen Besitz" nicht so umgehen konnten, wie sie es gerne getan hätten. Auch die Sklaven waren in dem Sinne eingeschränkt, dass diese vor Gericht weder als Zeuge noch als Kläger über das Verhalten eines Weißen auftreten konnten. Selbst in Notwehr war es einem Sklaven nicht erlaubt, Gewalt gegenüber einem Weißen anzuwenden. Hingegen war eine Ermordung eines Sklaven verboten, es sei denn, der Weiße müsse in Notwehr handeln. Erlaubt war es dem Eigentümer, seine Sklaven durch Auspeitschen oder mit Brandmarken für Diebstahl oder Fluchtversuche zu bestrafen. Da ein Sklave nicht als Rechtsobjekt galt, konnte dieser kein Eigentum besitzen und theoretisch keine bindenden Verträge, z.b. Eheverträge abschließen.

Je nach Eigentümer waren die Sklaven in ihrem Leben aber etwas freier. Es gab Eigentümer die respektierten und förderten ihre Sklaven; diese konnten Heiraten, eine Familie gründen und deren Kinder behalten. Andere wiederum taten nur das, was ihnen das Gesetz erlaubte und behandelten ihre Sklaven wie Tiere und verkauften Mann, Frau oder Kinder je nach Marktlage weiter. In Mississippi hatten Weiße eine solche Angst vor einem Aufstand ihrer Sklaven, dass ihnen das Trommeln und Trompeten verboten wurde.[9]

Gerechtfertigt wird die Sklaverei von dessen Besitzern vor allem mit den Argumenten, dass die meisten Schwarzen unfähig seien, in Freiheit für sich selbst zu sorgen. Auch der Vergleich zu den Industriearbeiten in den Nordstaaten wird gern als Argument genommen, denn das Verhältnis des Eigentümer zu seinen Sklaven sei ein viel Natürlicheres, organischeres und teilweise von der Geburt bis zum Tod verlaufendes – sofern dieser nicht vorher verkauft wird. In den Fabriken hingegen herrsche eine brutale Ausbeutung, der nur scheinbar freien Arbeiter. Das politisch wichtigste demokratische und verfassungsrechtlichste Argument beruht auf der Verfassungsvereinbarung von 1788 in dem der Bund den Einzelstaaten die Sklavenhaltung nicht verbieten würde und somit nichts direkt dagegenspreche.[10]

Laut John C. Calhoun, als prominentester Kopf der Befürworter der Pro-Sklaverei-Fraktion, „gründet [die Sklaverei] auf der natürlichen körperlichen und geistigen Überlegenheit der Weißen gegenüber den Schwarzen und ist deshalb nicht, wie selbst einige Sklavenbesitzer im Süden dachten, ein notwendiges Übel, sondern ein positives Gut. Beide Parteien profitieren von ihr!"[11]

---

[8] **Slave Codes:** Lokale und bundesstaatliche Gesetzte für die Sklaven und deren Eigentümern.
[9] Adams, Willi Paul/Lothar Gall/Karl-Joachim Hölkeskamp u.a. (Hrsg.): Die USA vor 1900, 2. Aufl., Berlin/München/Bosten 2008, S. 78f.
[10] Ebenda, S. 80f.
[11] Bergbauer, Harald: Das historische Paradebeispiel für Sezessionen, S. 114.

Die Auseinandersetzung zwischen Gegnern und Befürwortern der Sklaverei gewann ab den 1830er-Jahren zunehmend an Schärfe und „[...] teilte Amerika nicht nur in zwei Wirtschaftsblöcke, sondern entwickelte sich zur dominierenden politischen und gesellschaftlichen Auseinandersetzung des Landes."[12]

3. Der Sezessionskrieg

Wie bereits erwähnt können die Abschaffung der Sklaverei und die Einheit der Nation als zwei ausschlaggebende Konfliktpunkte betrachtet werden, wenn es um den Grund des Krieges geht. Dessen ungeachtet spielen noch mehr Faktoren eine Rolle, die schließlich dazu geführt haben, dass es in der Folge zu einem Krieg kam. Zum dem waren es die Worte des späteren Präsidenten Lincoln, welche 1860 die Diskussion über die Sklaverei im Süden immer weiter anheizte. Zum anderen war es der Drang nach Unabhängigkeit der Südstaaten.

Lincoln machte bereits bei seiner Kandidatur für den Senat seinen Standpunkt gegen die Sklaverei deutlich und wiederholte immer wieder, dass ihm die Vereinigung der Nation sehr wichtig sei. Als er schließlich im November 1860 zum 16. Präsidenten der Vereinigten Staaten gewählt wird, zog der Süden sofort politische Konsequenzen.

Lincolns Wahlsieg stellte aus zwei Gründen ein großes Problem für den Süden dar: Erstens war Lincoln jemand, der sich strikt gegen eine Ausdehnung der Sklaverei ausgesprochen hatte und was noch viel wichtiger für den Süden war, dass er gewann, ohne auch nur in einem der Südstaaten die Mehrheit der Stimmen erhalten zu haben. „Das demographische Übergewicht des Nordens und die Einigkeit der Nordstaatler in der Ablehnung der Sklaverei hatten den Südstaatlern deutlich gemacht, dass sie einem geschlossenen Block von vermeintlichen Gegnern gegenüberstanden und in eine Minderheitsposition geraten waren."[13]

Bereits am 20. Dezember 1860 verkündete ein Sonderkonvent den Austritt South Carolinas aus der Union. Innerhalb weniger Monate, bis Juni 1861, folgten diesem Schritt alle Südstaaten außer den an den Norden grenzenden Sklavenhalterstaaten Delaware, Maryland, Kentucky und Missouri. Bereits im Februar 1861 trafen sich sechs Vertreter der Südstaaten und beschlossen zusammen die Bildung der „Confederate States of America". In einer Delegiertenkonferenz entstand direkt ein angepasster Verfassungsentwurf für diese Bildung. Die neue Verfassung der Konföderierten war der Bundesverfassung von 1788 formal bis auf wenige Klauseln gleich. Sie garantierte z.B. den Mitgliedstaaten ihre Souveränität und die Sklavenhaltung als eine Form von Eigentum.[14]

---

[12] Schild, Georg: Der Amerikanische Bürgerkrieg als Sezessionskrieg, S. 372.
[13] Ebenda, S. 373.
[14] Adams/Gall/Hölkeskamp: Die USA vor 1900, S. 88f.

South Carolina stieg nicht nur als erstes aus der Union aus, sondern ergriff auch militärisch die Initiative und setzte den Startpunkt für denn vier Jahre andauernden Krieg. Somit war Präsident Lincoln gezwungen, auch seine Männer zu entsenden. Geplant war zuerst ein dreimonatiger Feldzug.[15] Es schien zunächst ein Krieg der Ungleichgewichte, betrachtet man die Aufstellung der Süd- gegen die Nordstaaten. „Der Süden brauchte seine Position nur lange genug zu halten, bis der Norden kriegsmüde wurde, wohingegen der Norden zur Bewahrung der Union den Süden erobern musste. Doch statt des allgemein erwarteten kurzen Feldzugs wurde es der blutigste Krieg den die Vereinten Staaten je geführt haben [...]."[16]

Der Süden musste schließlich kapitulieren, da er sich den Krieg nicht mehr leisten konnte. Die Anzahl der Soldaten für weitere Angriffe erschien nicht mehr ausreichend. Nach fast genau vier Jahren geht der Bürgerkrieg mit dem Sieg der Nordstaaten zu Ende. Die Folgen waren gewaltig. Vor allem nach über 600.000 Toten waren weite Landstriche, Städte und Fabriken, kleine Farmen ebenso wie große Plantagen komplett zerstört. Insgesamt ging man damals von acht Milliarden Dollar Kriegskosten aus. Hinzu kommen die enormen wirtschaftlichen Folgeschäden, vor allem die in der ehemaligen Konföderation, welche völlig am Boden lag.[17]

4. Grundsteinsetzung für den Wiederaufbau

Im Folgenden gehe ich auf die Rolle des damaligen Präsidenten ein und thematisiere seine Handlungen, Aussagen und Ergebnisse, die eine wichtige Bedeutung für die weitere Entwicklung der Vereinten Nationen hatte. Zudem gehe ich auf die Zeit nach dem Krieg ein, welche von Lincoln und durch gegebenen Umstände geprägt wurde.

4.1. Präsident Abraham Lincoln

Abraham Lincoln spielte eine entscheidende Rolle bei der Abschaffung der Sklaverei. Seine Handlungen und Worte vor uns während dem Krieg waren ausschlaggebend für die weitere Entwicklung der USA auf verschiedenen Gebieten.

Im Jahr 1837 mit Eröffnung seiner Kanzlei sprach sich Lincoln das erste Mal öffentlich gegen die Sklaverei aus. In einer Parlamentsdebatte betonte er, dass „die Institution der Sklaverei auf Ungerechtigkeit und schlechte Politik zurückzuführen sei."[18] Er vertrat damals den streng am Recht und Gesetz orientierten Standpunkt, dass die Sklaverei gegen das freiheitliche Prinzip Amerikas stünde und dem Geist der Verfassung „all men are created equal" widerspreche.[19]

---

[15] Adams/Gall/Hölkeskamp: Die USA vor 1900, S. 90.
[16] Dippel, Horst: Geschichte der USA, 10. überarb. und aktual. Aufl., München 2015, S. 53.
[17] Stöver, Bernd: Geschichte der USA, S. 217.
[18] Morgan, Josefine: Abraham Lincoln, in: Frey, Dieter (Hrsg): Psychologie des Guten und Bösen. Licht- und Schattenfiguren der Menschheitsgeschichte – Biografien wissenschaftlich beleuchtet, München 2019, S. 44.
[19] Ebenda, S. 44.

Historisch bedeutsam wurden die zwischen August und Oktober 1858 geführten „Lincoln-Douglas Debates"; Demokrat Stephan Douglas vertrat die Position der Südstaatler, dass „die Rechte der Afroamerikaner von der Verfassung nicht geschützt seien und sie deshalb keinen Anspruch auf Rechtsgleichheit hätten" und Lincoln der sich erneut darauf bezieht, dass „die Menschen gleich geschaffen seien und ihnen gewisse unveräußerliche Rechte wie Leben, Freiheit und Glücksstreben zugestanden werden müssten"

In insgesamt sieben Debatten diskutierten beide Parteien auf Schärfste. Douglas Argument galt der Volkssouveränität – also das damit verlaufende souveräne Recht der Einzelstaaten für die Beibehaltung der Sklaverei – hingegen betonte Lincoln, dass es „jenseits der Volkssouveränität einen Standard für richtig und falsch gebe, der unabhängig von politischen Mehrheiten zu beachten sei."[20]

Kurz vor Beginn des Krieges 1861 begann Lincoln seine Amtsschaft als Präsident und versuchte die dadurch entstanden Unruhen zu mildern, in dem er die Südstaaten dazu aufrief, Frieden und nationale Einheit zu bewahren und sich zunächst gemäßigt zur Sklavenfrage äußerte. Für Lincoln war die Bewahrung der Union sein höchstes Ziel, denn es war für ihn gleichzeitig die Bewahrung der Demokratie, für die das amerikanische Volk und die Gründer Amerikas in der Revolution hart gekämpft hatten.

Bei seiner Inaugurationsrede am 4. März 1861 betonte er dies im Detail: „I have no purpose, directly or indirectly, to interfere with the institution of slavery in the States where it exists. I believe I have no lawful right to do so, and I have no inclination to do so."[21] Ebenso machte er unmissverständlich deutlich, dass die Verfassung eine Sezession ablehne. Bei der Verfassung handelte es sich um einen Vertrag über eine Vereinigung von Einzelstaaten. Diese enthält keine Bestimmung darüber, ob man die Vereinigung verlassen könne, sondern eher das Gegenteil: alle Mitgliedstaaten sind dazu verpflichtet, „to form a more perfect union". Zerstöre man die Union durch einen einseitigen Ausstieg, ist diese weniger „perfect" als zuvor, denn man würde ihr das Element der Beständigkeit nehmen. „Aus dieser Bestimmung folge, dass kein Staat das Recht habe, die Union zu verlassen und jeder entsprechende Versuch rechtlich unwirksam sei".[22]

Auch wenn die Erhaltung der Union erstmal das offizielles Kriegsziel war, ließ Lincoln trotzdem im Kampf gegen die Sklaverei nicht nach und kam seinem Wunsch nach Abschaffung ein großes Stück näher. Dafür veröffentlichte Lincoln am 22. September 1862 eine vorläufige Emanzipationserklärung, aus der die am 1. Januar 1863 verkündete „*Emancipation Proclamation*" wurde.[23] Sie

---

[20] Bergbauer, Harald: Das historische Paradebeispiel für Sezessionen, S. 115.
[21] Morgan, Josefine: Abraham Lincoln, in: Frey, Dieter (Hrsg): Psychologie des Guten und Bösen. Licht- und Schattenfiguren der Menschheitsgeschichte – Biografien wissenschaftlich beleuchtet, München 2019, S. 45.
[22] Bergbauer, Harald: Das historische Paradebeispiel für Sezessionen, S. 115.
[23] Dippel, Horst: Geschichte der USA, S. 56.

enthielt die Erklärung, dass ab 1. Januar 1863 alle Sklaven in den Staaten frei seien, die sich noch in Rebellion gegen die Union befanden.[24] Auch wenn die Emanzipationserklärung bei ihrem Inkrafttreten keine unmittelbare Wirkung hatte und dies noch keine generelle Sklavenbefreiung bedeutete, war sie ein klares moralisches Signal. Es gab den Sklaven in den Südstaaten ein weiteres Motiv zu fliehen und ein Signal, dass der Krieg nicht mit der Wiederherstellung der alten Union, sondern mit der Abschaffung der Sklaverei enden würde.[25]

Die „Gettysburg Rede" vom 19. November 1863, die Lincoln im Anschluss an die verlustreiche Schlacht in Pennsylvania hielt, war ein weiterer Meilenstein in seinem Leben. Er erinnerte zu Beginn seiner Rede an die Gründerväter der USA, die „in Freiheit gebildet" wurde und dem Grundsatz gewidmet war, dass alle „Menschen gleich geschaffen sind" und er endete mit der Hoffnung, dass diese Nation, unter Gott, eine Neugeburt der Freiheit erfahre und dass die Regierung des Volkes durch das Volk und für das Volk nicht aus der Welt verschwinde.[26] Mit dieser Ansprache signalisierte Lincoln dem Süden seine Entschlossenheit, keinen „Kompromissfrieden" – der die Sklavenhaltung dulden würde – als Lösung zu nehmen.

Gegen Ende des Krieges ergriff Lincoln noch eine weitere Maßnahme, die die künftige Entwicklung nachhaltig beeinflusste. Auf seinen Vorschlag verabschiedete der amerikanische Kongress am 31. Januar 1865 das 13. Amendment, in dem es hieß: „Weder Sklaverei noch Zwangsdienstbarkeit darf, außer als Strafe für ein Verbrechen, dessen die betreffende Person in einem ordentlichen Verfahren für schuldig befunden worden ist, in den Vereinigten Staaten oder in irgendeinem Gebiet unter ihrer Gesetzeshoheit bestehen."[27]

Die Wiederwahl Lincolns zum Präsidenten im November 1864 und die zwei Schlachten in Gettysburg und Pennsylvania im Juli 1863 hatten eine entscheidende Auswirkung auf den Ausgang des Krieges, der am 9. April 1865 mit der Kapitulation der Südstaaten endete. Lincoln selbst hatte bereits einen verantwortungsvollen Plan für die Wiedereingliederung der Südstaaten in die Union entworfen, konnte diesen jedoch nie selbst umsetzen, da er nur fünf Tage später bei einem Theaterbesuch von einem Südstaatler erschossen wurde.[28]

---

[24] Bergbauer, Harald: Das historische Paradebeispiel für Sezessionen, S. 115f.
[25] Berg, Manfred: Geschichte der USA, in: Gall, Lothar/Karl-Joachim Hölkeskamp/Steffen Patzold (Hrsg.): Oldenbourg Grundriss der Geschichte, München 2013, S. 41.
[26] Schambeck, Herbert/Helmut Widder/Marcus Bergmann: Dokumente zur Geschichte der Vereinten Staaten von Amerika, 2. erw. Aufl., Berlin 2007, S. 375.
[27] Bergbauer, Harald: Das historische Paradebeispiel für Sezessionen, S. 117.
[28] Morgan, Josefine: Abraham Lincoln, S. 46.

4.2. Reconstruction Era

Die „Reconstruction Era" bezeichnet die in den Vereinigten Staaten vom Mitte 1865 bis 1877 währende Phase, in der die 1860/61 aus den USA ausgetretenen Südstaaten wieder in die Union eingegliedert wurden.[29]

Der Wiederaufbau des vom Krieg zerstörten Gebietes im Süden, bestimmte die Politik noch Jahre lang nach Ende des Krieges. Lincoln selbst hatte sich während des Krieges bereits Gedanken über die Rolle der Sklaven, der Südstaaten und über die Zusammenführung der Nord- und Südstaaten gemacht.[30] Trotzdem stand die „Reconstruction" von Beginn an vor gigantischen Herausforderungen.

Sie kann in drei Phasen eingeteilt werden: Zuerst bestimmte Lincolns Nachfolger Andrew Johnson die politische Agenda (Presidential Reconstruction).[31] Zu den anfänglichen Aufgaben gehörten hier zunächst die Sicherung der militärischen Ergebnisse des Krieges. Das erste richtige Ziel war die schlichte Rücknahme der Sezession und Wiederherstellung der Einheit, sowie die juristische Durchsetzung der Sklavenbefreiung. Die Anfänge dazu bereitete noch Lincoln vor, doch Johnson brachte es schließlich durch und so konnte die Verabschiedung des 13. Verfassungszusatzes, die Abschaffung der Sklaverei, verordnet werden.[32] Doch die eingeleitete Versöhnungspolitik von Johnson Ende Mai 1865 stieß ab einem gewissen Punkt auf immer heftigere Ablehnung. Das lag vor allem an der Untätigkeit gegenüber den im Süden überall in Kraft gesetzten „Black Codes". Diese sorgten wieder dafür, dass die ehemaligen Sklaven sich besonderen Regelungen und Restriktionen unterwerfen und ihnen Rechte vorenthalten wurden. Darunter fiel z.B. die Verweigerung der freien Wahl des Arbeitsplatzes, Zwangsarbeit, spezielle Strafgesetze, Nichtzulassung der Aussage vor Gericht. Für viele Menschen im Norden wurden damit die alten Sklavenbestimmungen unter neuem Namen fortgeführt. Johnson wollte die Vorkriegszustände so schnell wie möglich wiederherstellen – nur ohne Sklaverei und Sezession. Dafür sollte ein Bürgerrechtsgesetz dienen, um die *Black Codes* zu annullieren und den Schwarzen alle Rechte an Person und Eigentum zu sichern, die auch Weißen zustanden.[33]

Somit begann die zweite Phase ab 1866, welche von den Radikalen Republikaner im Kongress dominiert wurden (Congressional Reconstruction). Diese brachten im Juni 1866 die 14. Verfassungsänderung auf den Weg. Sie garantiert erstmalig allen Bewohnern der USA „equal protection of the laws" auf Bundesebene und erklärte alle in den USA geborenen Personen zu Bürgern der USA.[34] Dieser Verfassungszusatz ist nicht nur wegen der Gleichbehandlungs- und dem

---

[29] Stöver, Bernd: Geschichte der USA, S. 218.
[30] Bergbauer, Harald: Das historische Paradebeispiel für Sezessionen, S. 116f.
[31] Berg, Manfred: Geschichte der USA, S. 41.
[32] Stöver, Bernd: Geschichte der USA, S. 218.
[33] Dippel, Horst: Geschichte der USA, S. 59f.
[34] Adams, Willi Paul/Lothar Gall/Karl-Joachim Hölskamp: Die USA vor 1900, S. 96.

Staatsbürgerschaftsgrundsatzes bedeutsam geworden, sondern auch, weil er das Verhältnis von einzelstaatlichem und bundesstaatlichem Grundrechtsschutz klar bestimmte. Allen Bürgern wurde ein gleicher Rechtsschutz gewährt und die Union wurde verfassungsrechtlich gestärkt.

Die jetzt einsetzende radikale *Reconstruction*-Politik stellte den Süden unter Militärverwaltung und teilte ihn nach Auflösung der Staatsregierungen in fünf Militärbezirke ein. Unter militärischer Überwachung wurden neue Verfassungskonvente mit Beteiligung der Schwarzen gewählt. Für die Wiederaufnahme der Union galt die Voraussetzung, dass die von ihnen entworfene Verfassung von der Mehrheit der männlichen Bevölkerung im Süden (einschließlich der Sklaven) ratifiziert und der 14. Zusatzartikel angenommen wird.[35] Im Laufe der 1870er Jahre wurde der Süden wieder in den Staatsverband integriert, nachdem in der Verfassungen die Sklaverei abgeschafft wurde. Schwierigkeiten tauchten jetzt vor allem bei der Bestimmung der gesellschaftlichen und politischen Rollen der freien Schwarzen auf.[36]

Das erst 1870 verabschiedete 15. Verfassungszusatz verbot schließlich endgültig alle Benachteiligungen aufgrund von Rasse, Hautfarbe oder früherer Sklaverei. Am 30. März 1870 trat das Gesetz in Kraft mit den Worten: „Das Wahlrecht der Bürger der Vereinigten Staaten darf von den Vereinigten Staaten oder einem Einzelstaat nicht aufgrund der Rassenzugehörigkeit, der Hautfarbe oder des vormaligen Dienstbarkeitsverhältnisses versagt oder beschränkt werden."[37] Außerdem verbotet das Bürgerrechtsgesetz von 1875 zudem später auch die Rassendiskriminierung in „places of public amusement".[38] Der Verfassungszusatz war einer der letzten großen Maßnahmen der Radikalen Republikaner. Danach erlahmte im Norden zusehends das Engagement für die Schwarzen im Süden. Der Grund hierfür war der Beginn eine schwere Wirtschaftskriese, welche die US-Wirtschaft bis zum Ende des Jahrzehnts schwer behinderte. Der Norden war immer weniger bereit, die Militärverwaltung im Süden zu finanzieren.

Die dritte und letzte Phase der Reconstruction Anfang der 1870er Jahre zeichnete sich durch die von den weißen Südstaatlern als Redemtion (Erlösung) bezeichnete Wiedereroberung der Macht durch die alten Eliten aus. Bis 1875 hatten die Demokraten in fast allen Staaten der alten Konföderation die Macht zurückerobert, nicht zuletzt auch durch Wahlbetrug, Einschüchterung und Gewalt. Das wirkliche Ende der Reconstruction besiegelte Rutherford B. Hayes, indem er den Abzug der letzten Besatzungstruppen im Süden zustimmte, weil er für den Einzug ins Weiße Haus die Wahlmännerstimmen aus dem Süden benötigte.[39]

---

[35] Dippel, Horst: Geschichte der USA, S. 60.
[36] Schild, Georg: Der Amerikanische Bürgerkrieg als Sezessionskrieg, S. 378.
[37] Bergbauer, Harald: Das historische Paradebeispiel für Sezessionen, S. 118f.
[38] Adams, Willi Paul/Lothar Gall/Karl-Joachim Hölkeskamp: Die USA vor 1900, S. 97.
[39] Berg, Manfred: Geschichte der USA, S. 44.

Insgesamt ergab sich hierdurch 1877 eine komplizierte Lage. Die ursprünglichen Ziele der Reconstruction waren weitgehend gescheitert, denn die zuvor durchgesetzten Verfassungsänderungen zur Sklavenbefreiung und generell die Emanzipation der Schwarzen wurde im Zuge der *Redemption* erfolgreich zurückgedrängt. Bürgerrechte für die schwarze Bevölkerung wurden nach wie vor nur selten wirklich respektiert.

5. Fazit

Entfacht wurde der amerikanische Bürgerkrieg nicht nur durch die Meinungsverschiedenheiten zur Abschaffung der Sklaverei, sondern auch durch die unterschiedliche Struktur von Gesellschaft und Wirtschaft in den Nord- und Südstaaten. Während der Norden mitten in der Industrialisierung steckte und die Infrastruktur weiter ausbaute, lieferte der Süden das Bild einer agrarischen Gesellschaft, die ihren Wohlstand vor allem der Institution der Sklaverei verdankt. Die immer mehr werdende, scharfe Kritik des Nordens an der Sklaverei und die Verteidigung dieser Institution im Süden verschärften die Spannungen. Diese führten schließlich 1861 zur Bildung der „Konföderierten Staaten von Amerika" und ihrem Austritt aus der Union. Der Bürgerkrieg endete mit der Niederlage der Südstaaten, mit einer großen Anzahl von Verlusten, sowie immensen wirtschaftlichen Folgeschäden.[40] Der anfänglich gute Start der Reconstruction endete doch wieder in einer komplizierten Lage. Die ursprünglichen Ziele der Reconstruction waren gescheitert und die Rechte der Schwarzen wurden weiterhin mit Füßen getreten.

Letztlich zahlte der gesamte Süden einen hohen Preis für den Bürgerkrieg und das anschließende Scheitern der Reconstruction. Bis weit in das 20. Jahrhundert hinein litt die Region unter ihrer agrarischen Monokultur und blieb das „wirtschaftliche Sorgenkind der Nation."[41] Erst die von der afroamerikanischen Bürgerrechtsbewegung getragene *Second Reconstruction* brachte in den 1950er und 1960er Jahren den Durchbruch. Das hat zur Belebung der Wirtschaft und zur Freisetzung einer neuen ökonomischen Dynamik beigetragen.[42] Die durch Kriegsschäden entstandene Massenproduktion und Transportwege begünstigten eine Entwicklung, die von den Urhebern und Wortführern des Bürgerkriegs nie beabsichtigt wurde. Diese Entwicklung war erstmal nicht vorauszusehen, weil die Zerstörung der Wirtschaft nach dem Krieg zu immens war. Die USA konnte sich im Laufe der Zeit erholen und sich vom losen Bundesstaat zu einer modernen Nation wandeln. Die Überwindung der Konflikte hat den Grundstein für die Entwicklung zur heutigen vereinigten Nation gelegt.

---

[40] Bergbauer, Harald: Das historische Paradebeispiel für Sezessionen, S. 120f.
[41] Berg, Manfred: Geschichte der USA, S. 44.
[42] Dippel, Horst: Geschichte der USA, S. 57.

Abraham Lincoln hatte in seiner Rolle entscheidende Mitwirkung an der Beendigung der Sklaverei, der Gleichstellung und Gewährleistung des Wahlrechts. Mit dem Ende der Reconstruction gingen die anfänglichen Erfolge immer weiter unter. In Amerika herrschte zwar keine Sklaverei mehr, jedoch hat sich wenig im Verhältnis der Rassen zueinander geändert. Nach dem Motto „separat, but equal" wurden die Schwarzen in vielen Lebenslagen von den Weißen getrennt. Bis heute bleibt der Rassismus ein Teil in der Geschichte der USA.

6. Bibliographie

Sekundärquellen:

Adams, Willi Paul/Lothar Gall/Karl-Joachim Hölkeskamp u.a. (Hrsg.): Die USA vor 1900, 2. Aufl., Berlin/München/Bosten 2008

Berg, Manfred: Geschichte der USA, in: Gall, Lothar/Karl-Joachim Hölkeskamp/Steffen Patzold (Hrsg.): Oldenbourg Grundriss der Geschichte, München 2013

Bergbauer, Harald: Das historische Paradebeispiel für Sezessionen: der US-Bürgerkrieg, in: Bergbauer, Harald/Gerald Mann (Hrsg.): Neugestaltung der Staatenwelt im 21. Jahrhundert. Wie Sezession neue politische und ökonomische Strukturen schafft, München 2021

Dippel, Horst: Geschichte der USA, 10. überarb. und aktual. Aufl., München 2015

Morgan, Josefine: Abraham Lincoln, in: Frey, Dieter (Hrsg): Psychologie des Guten und Bösen. Licht- und Schattenfiguren der Menschheitsgeschichte – Biografien wissenschaftlich beleuchtet, München 2019

Schambeck, Herbert/Helmut Widder/Marcus Bergmann: Dokumente zur Geschichte der Vereinten Staaten von Amerika, 2. erw. Aufl., Berlin 2007

Schild, Georg: Der Amerikanische Bürgerkrieg als Sezessionskrieg, in: Jäger, Thomas/Rasmus Beckmann (Hrsg): Handbuch Kriegstheorien, Wiesbaden 2011

Stöver, Bernd: Geschichte der USA. Von der ersten Kolonie bis zur Gegenwart, München 2017

Internetquelle:

Bundeszentrale für politische Bildung (26.03.2021). Der Bürgerkrieg und das Erbe der Sklaverei. Verfügbar unter: https://www.bpb.de/themen/nordamerika/usa/10595/der-buergerkrieg-und-das-erbe-der-sklaverei/, (zugegriffen am 06.03.2022)

BEI GRIN MACHT SICH IHR WISSEN BEZAHLT

- Wir veröffentlichen Ihre Hausarbeit, Bachelor- und Masterarbeit

- Ihr eigenes eBook und Buch - weltweit in allen wichtigen Shops

- Verdienen Sie an jedem Verkauf

Jetzt bei www.GRIN.com hochladen und kostenlos publizieren